Inhalt

Rezepte

Suppen

Salate

Beilagen

Hauptgerichte

Weitere Rezepte

Vorwort

von Helmfried Wilhelm

Liebe Leserinnen und Leser,

lassen Sie mich heute von einer unerwarteten Bekanntschaft berichten. Es war an einem grauen Januartag, als René Burkhardt, unser Verleger, in der Küchentür stand und mir von seiner Idee erzählte. Für mich kaum fassbar, schlug er mir vor, ein kleines Kochbuch über die Erfurter Puffbohne zu schreiben.

Trotz meiner 30-jährigen Berufserfahrung und dem gewohnten Blick in die alte und neue Fachliteratur, wo ich regelmäßig kreativ auftanke, fühlte ich mich für wenige Momente benommen und hilflos. Und als ich zu mir kam, besiegelte ein Handschlag, dass ich vom Leser zum Autor wurde.

Fest entschlossen, der Erfurter Puffbohne auf den Pelz zu fühlen, kaufte ich mir sofort für meinen Schlüsselanhänger eine Fälschung aus Stoff und unzählige Originale, um meine Arbeit voller Tatendrang zu beginnen. Nach Wochen geduldigen Probierens wurde mir klar, dass meine neue Bekannte keine von den Stars in der Küche ist, bei der einem schon beim bloßen Anblick der Zahn tropft.

Deshalb, liebe Leserinnen und Leser, ist unser Büchlein nicht gespickt mit hochtrabenden Kreationen, sondern besticht durch die Art und Weise, wie Traditionelles mit neuzeitlichen Elementen auf den Tisch gezaubert wird. Es zeigt, wie die unbändige Lust am Neuen immer wieder durch die klassische Schule seine vollendete Form findet.

Mit unserem Buch über die Erfurter Puffbohne lade ich Sie ein, mir auf die Finger und in die Töpfe zu schauen. Viel Spaß beim Nachkochen und viele sinnliche Stunden am Herd.

Herr Fischer und Koch „Willi“ auf dem Puffbohnenfeld bei der Firma Gemüse Fischer in Erfurt.

Erfurt – Samenbau und Blumenstadt

Erfurt ist bekannt als die Blumenstadt – ein Titel, der aus dem frühen 20. Jahrhundert stammt. Gleich aus welcher Richtung kommend, den Reisenden begrüßten wunderschöne Blumenfelder der Erfurter Gärtner, die die Stadt umschlossen. Doch die Tradition des Erfurter Gartenbaus reicht deutlich weiter zurück. Bonifatius, der die Stadt 742 erstmals erwähnt, nennt sie den Küchengarten des Heiligen Römischen Reiches Deutscher Nation, weil die Gärtner schon damals ihr Handwerk vortrefflich verstanden.

Wann die erste Puffbohne nach Erfurt kam, lässt sich heute nicht mehr genau feststellen. Sicher ist aber: ursprünglich fand sie ihren Weg über den Mittelmeerraum hierher. Im Orient ist sie noch heute weit verbreitet.

Die Erfurter Gärtner erkannten jedenfalls schnell den Wert der Pflanzen mit den dicken Schoten. Noch heute finden sich die Puffbohnen in der traditionellen Küche der Erfurter, aber auch die Restaurants tragen die Tradition weiter.

Erfurt als Ursprung der Puffbohnen

Rund um Erfurt finden sich ausgezeichnete Böden. Dank des milden Thüringer Klimas waren die Erfurter Gärtner immer mit Bedingungen gesegnet, die besonders reiche Ernten einbrachten. Auch die Puffbohnen gediehen um Erfurt prächtig, und so sollen angeblich sowohl Bohne als auch ihr Erfurter Kultivateur von seinen neidischen Kollegen, die weniger und kleinere Bohnen ernteten, als Puffbohnen geneckt worden sein.

Auch wenn Erfurt für die Entwicklung im gesamten Gartenbau zweifelsfrei eine sehr große Bedeutung hat – die Puffbohne wurde nicht in Erfurt „erfunden". Sehr wohl wurden aber die alten Bohnensorten in Erfurt immer weiter verfeinert.

Und warum heißen die Erfurter nun Puffbohnen?

Manchmal liegen die Dinge so nah. Ich hatte selbst aus berufenem Munde immer wieder die selben Geschichten gehört, die mich wenig überzeugten. Ich hatte inzwischen in jeder Richtung nachgefragt, ohne wirklich neue Erkenntnisse zu erlangen. Als ich meinem Vater die Frage nach der Herkunft des Beinamens stellte, machte der nur große Augen. Das weiß doch jeder: Im Mittelalter lag das kleine Erfurt wie eine Puffbohne an den Petersberg geschmiegt, was man auf historischen Stadtplänen sehr schön sehen kann. Wenig später sah ich im Stadtarchiv einen Erfurter Plan um etwa 1740, und auch die jüngeren Zeichnungen mit der inneren Befestigungsanlage zeigen eine sehr ordentliche Puffbohnenform mit einer schmalen Verbindung zur Zitadelle Petersberg.

In meinen Augen ist dies die „einzig wahre" Erklärung für den Namen und seine Verbindung zu den Erfurtern, alle anderen Geschichten könnten sich problemlos auch anderswo wiederfinden.

Pürierte Puffbohnensuppe mit gebackenen Selleriestreifen

500 g	frische Puffbohnen
1	geschälte Kartoffel
800 ml	Gemüsebrühe
100 ml	frische Sahne
2 El	saure Sahne
3	Bärlauchblätter
100 ml	Sonnenblumenöl
60 g	frischer Sellerie
1 Zweig	Petersilie
	Jodsalz, schwarzer Pfeffer, Lorbeerblatt, Essenz von frischem Bohnenkraut (siehe unten)

Kochtipp: Essenz von frischem Bohnenkraut

¼ Ltr. Wasser mit 50 g unverholztem, frischem Bohnenkraut ca. 10 Minuten einkochen und danach durch ein Tuch gießen. Die Essenz verschlossen aufbewahren.

Zubereitung:

Puffbohnen kurz in Wasser aufkochen und gleich danach abgießen. Anschließend die Bohnenkerne mit den geschälten, in grobe Würfel geschnittenen Kartoffeln und den Gewürzen in der Gemüsebrühe frisch ansetzen und ca. 15 Min. weichkochen.

Gewürzblatt herausnehmen und klein geschnittenen Bärlauch dazugeben. Alles mit dem Pürierstab sämig aufschlagen. Sauerrahm, Jodsalz und Pfeffer hinzufügen, gut verrühren und nicht mehr aufkochen.

Cremig geschlagene Sahne mit dem Schneebesen unter die Suppe ziehen. Sehr fein geschnittene Selleriestreifen in heißem Öl goldgelb ausbacken.

Die Suppe auf Tellern verteilen. Selleriestroh darüberstreuen und mit Petersilie ausgarnieren.

Verleger, Fotograf und Koch beim Entschoten der Bohnen.

Meine ersten Kontakte mit Puffbohnen

Die Erfurter Puffbohne begegnete mir auf einem Sandhaufen in Berlin. „Du bist ´ne blöde Erfurter Puffbohne!“, titulierte mich der Nachbarsjunge wütend, nachdem seine Sandburg unter meinem Laster zerbröselte. Ich wusste natürlich instinktiv, es kann sich dabei nur um ein außergewöhnlich perfides Schimpfwort eines Hauptstädters handeln und verließ den Platz empört.

In der Schule wurde bei uns beim Spielen manchmal in Puffbohnen, statt in Kaffeebohnen abgezählt.

Ulrich Haage

Suppe

Puffbohnensuppe mit Rauchfleisch und Einbrenne

500 g	Kasslerrippchen
100 g	magerer Bauchspeck
1,5 Ltr.	Wasser
500 g	frische Puffbohnen
200 g	Kartoffeln
1	Karotte
1	große Zwiebel
2 El	Mehl
3 Zweige	Petersilie
	Weinessig, Zucker, Jodsalz, schwarzer Pfeffer, 5 Pimentkörner, 2 Lorbeerblätter,
	Essenz von frischem Bohnenkraut (siehe S. 10)

Zubereitung:

Kasslerrippchen mit kaltem Wasser, Salz, Lorbeer und Piment in einem Topf ansetzen und für ca. 40 Min. auf kleiner Stufe kochen.

In der Zwischenzeit die Puffbohnen kurz in einem Topf mit Wasser aufkochen und gleich danach wieder abgießen. Weiterhin die Karotte und die Kartoffeln schälen und in 1,5 cm große Würfel schneiden.

Die garen Kasslerrippchen aus der Brühe nehmen und entfleischen. Nun die Brühe mit dem vorbereiteten Gemüse, den Kartoffeln und den verbleibenden Gewürzen noch ca. 15 Min. zusammen leicht kochen lassen.

Währenddessen kleine Speckwürfel in einer Pfanne farblos auslassen, danach ebenso große Zwiebelwürfel hinzufügen und wenden, bis sie glasig sind. Nun mit Mehl überstäuben und alles zusammen hellbraun anschwitzen.

Anschließend die Einbrenne erkalten lassen und in die Suppe geben, kräftig umrühren, den Topf vom Herd nehmen und ziehen lassen.

Die Puffbohnensuppe süß-sauer abschmecken und mit gehackter Petersilie anrichten.

Was ist drin in der Puffbohne?

Spannend wird es, wenn wir die Inhaltsstoffe der Puffbohne etwas unter die Lupe nehmen. So liegt der Eiweißanteil bei etwa 23 %, das ist so ähnlich wie bei Kalbfleisch oder Thunfisch.

In der Puffbohne sind reichlich Ballaststoffe enthalten. Diese beugen Verstopfungen vor und senken den Cholesterinspiegel.

Der hohe Gehalt an Folsäure macht Bohnen für Schwangere sehr interessant. Noch mehr wertvolle Inhaltsstoffe sind Eisen (10 mg je 100 g trockene Bohnen), Niacin und Pantothensäure (Vitamin B5).

Warmer Brotsalat mit Puffbohnen

600 g	Roggenmischbrot
8 El	Sonnenblumenöl
200 g	frische Puffbohnen
200 g	magerer Speck
200 g	Schafskäse
4	große Fleischtomaten
3	Schalotten
200 g	Rapunzel-Salat
3 El	Kräuteressig
4 Zweige	Kerbel
4 Zweige	Petersilie
	weißer Pfeffer, Jodsalz, Zucker,
	Essenz von frischem Bohnenkraut (siehe S. 10)

Zubereitung:

Rinde vom Brot abschneiden und das Innere in fingergroße Stücke zerpflücken. Speck in dünne Scheiben schneiden. Beides auf einem Backblech verteilen und das Brot mit einem Teil Öl beträufeln. Für ca. 7 Min. bei 180 Grad in den vorgeheizten Ofen schieben und schön kross backen.

Puffbohnen kurz in Wasser aufkochen, dann abgießen und anschließend mit frischem Salzwasser ca. 15 Min. die Bohnenkerne weichkochen.

Danach Tomaten, Schalotten und Schafskäse in grobe Würfel schneiden und zusammen mit den abgetropften Bohnenkernen und geputztem sowie gezupftem Salat in einer Schüssel vermengen.

Nun bereiten wir aus dem restlichen Öl, Kräuteressig, Zucker, gehackten Kräutern, Salz, Pfeffer und der Bohnenkraut-Essenz ein Dressing zu, welches wir gleichmäßig über den Salat verteilen.

Das knusprige Brot und den saftigen Speck aus dem Ofen nehmen und in die Schüssel geben. Den fertigen Brotsalat nun ganz kurz locker durchmengen und servieren.

Salat sofort essen, Brot weicht sonst auf!

Die Puffbohnenwelt in Zahlen

8.000	Jahre sind die Puffbohne und ihre Vorfahren bereits als Nahrungsmittel bekannt
533	Hektar Puffbohnenanbau in Deutschland 2008 (ca. 500 Hektar allein in NRW)
250	Kalorien enthalten trockene Puffbohnen
200	Zentimeter kann eine gut gewachsene Puffbohnenpflanze hoch werden
120	Tage wächst eine Bohne bis zur Ernte
100	Bohnen wiegen je nach Sorte 100 bis 200 Gramm
90	Prozent aller Puffbohnen der Welt werden heute in China angebaut
60	Kalorien enthalten 100 Gramm frische Puffbohnen
30	Gramm Saatgut kalkuliert der Gärtner für einen Quadratmeter Fläche
12	Tage beträgt die durchschnittliche Keimdauer der Puffbohne
7	Grad minus ist die empfohlene Untergrenze, kälter mögen es die Bohnen nicht
6	Zentimeter tief in die Erde wird die Puffbohne bei der Aussaat gesteckt
4	Jahre bleiben die Puffbohnensamen keimfähig
2	Kilogramm je Quadratmeter sind eine gute Puffbohnenerntemenge

Puffbohnensalat mit roten Zwiebeln

1 kg	frische Puffbohnen
200 g	rote Zwiebeln
1	hart gekochtes Ei
6 El	Sonnenblumenöl
2 El	Kräuteressig
5 Zweige	Petersilie
1 El	Bienenhonig
	Jodsalz, weißer Pfeffer,
	Essenz von frischem Bohnenkraut (siehe S. 10)

Kochtipp

Viele wertvolle Vitamine verschwinden auf Nimmerwiedersehen im Abguss mit dem Kochwasser. Eine schlaue und vitaminschonende Alternative ist das Garen in einem Dampfgargerät. So bleibt deutlich mehr von den wertvollen Nahrungsbestandteilen erhalten. Die Bohnen schwimmen nicht im Wasser, die gesunden Inhaltsstoffe landen dort, wo sie hingehören – auf dem Teller.

Zubereitung:

Die Puffbohnen kurz in Wasser aufkochen, dann abgießen und in frischem Salzwasser ca. 15 Min. weiterkochen, bis die Bohnenkerne weich sind. Anschließend die Bohnen in ein Sieb gießen und abtropfen lassen.

Inzwischen die roten Zwiebeln in feine Würfel schneiden und in einer Pfanne mit 8 El Wasser für ca. 2 Min. zum Kochen bringen. Zu den blanchierten Zwiebeln so schnell wie möglich Sonnenblumenöl, Kräuteressig, Bienenhonig, Salz, weißen Pfeffer und Bohnenkraut-Essenz hinzugeben und daraus eine warme Marinade herstellen.

Die noch heißen Bohnen in eine Schüssel geben und mit der warmen Marinade sowie der frisch gehackten Petersilie kräftig vermengen.

Den Puffbohnensalat für 2 Stunden kalt stellen und danach mit Eierscheiben und Petersilienzweig garnieren.

Puffbohnen pro und contra

Vorteile: Deftig, herzhaft, nahrhaft und ganz einfach lecker! Testen Sie mal!

Nachteile: Planen Sie nach dem Essen schon mal den Mittagsschlaf ein!

Von wegen Dickmacher!
Bohnen stehen, wie alle Hülsenfrüchte, im Ruf, tüchtig Speck auf die Hüften zu bringen. Das liegt aber nicht an der Bohne, sondern häufig an deren gehaltvollen Begleitern wie fettem Bauchspeck, Butter-Mehl-Saucen & Co.

Puffbohnensalat mit Radieschen

300 g	Puffbohnen gekocht
3	Kartoffeln
2	Frühlingszwiebeln mit Grün
5	große Radieschen
1/3	Gurke
2	kleine Salatköpfe
1 Bund	frische Kräuter (z. B. Basilikum, Petersilie, Dill)
100 g	Feta-Käse
4 TL	Apfelessig
1 EL	Apfelsaft
1/2 TL	Senf
2 EL	Olivenöl
1 EL	Sonnenblumenöl
	Pfeffer, Salz,
	etwas getrocknetes Bohnenkraut

Zubereitung:

Die Kartoffeln mit etwas Salz bissfest kochen. Inzwischen das Gemüse waschen. Zwiebeln fein hacken. Radieschen halbieren und in Scheiben schneiden. Gurke längs halbieren und in Scheiben schneiden.

Für das Dressing Apfelessig, Apfelsaft, Senf, Salz und Pfeffer sowie das Bohnenkraut vermischen. Anschließend die beiden Ölsorten gut darunterschlagen.

Die gekochten Kartoffeln abgießen und schälen, dann in kleine Würfel schneiden. Mit dem Gemüse in einer Schüssel vermengen und das Dressing darübergeben. Ca. 30 Min. ziehen lassen.

Inzwischen den Feta-Käse würfeln und die frischen Kräuter fein hacken. Die Salatblätter auslösen und nach Belieben halbieren. Die Teller damit auslegen.

Kräuter und 3/4 des Feta-Käses unter den durchgezogenen Salat mischen. Puffbohnensalat auf den mit Römersalat ausgekleideten Tellern anrichten und mit dem restlichen Feta-Käse bestreuen.

Der Salat schmeckt auch ohne Feta lecker. Statt 2 Frühlingszwiebeln kann man auch 3 Lauchzwiebeln oder 1 Speisezwiebel nehmen. Für 4 Personen reicht der Salat als Beilage, als Hauptspeise reicht er für 2 Personen.

Die Aufnahmen entstanden in der Küche des Evangelischen Augustinerklosters zu Erfurt.

Eine windige Sache – jedes Böhnchen gibt ein Tönchen ...

In Volksweisheiten wie dieser steckt immer ein bisschen Wahrheit. Hülsenfrüchte aller Art sorgen für Bewegung im Verdauungstrakt, und diese macht sich „Luft". Diese Form der Winde ist heute in unseren Breiten nicht allzu populär, aber nehmen wir es doch einfach mit etwas Gelassenheit. Unseren Ahnen war es ein untrügliches und willkommenes Zeichen für ein gutes und reichhaltiges Essen, das seinen Bestimmungsort erreicht hat – ein Quittungston.

Nicht immer ist aber die Bohne Schuld. Zu viele Ballaststoffe, eine Lebensmittelallergie, Eier, Milchprodukte, Kaffee und sogar Wassermelonen können je nach Veranlagung für Gas im Darm sorgen. Keine Sorge, es gibt Hilfe.

Völliger Verzicht ist die radikale Lösung – aber dann wäre dieses Büchlein nutzlos – und wo bliebe dann die Bohne?

Das bekannteste Hausmittel ist sicher der Kümmel. Nicht umsonst findet er sich oft bereits präventiv im Sauerkraut. Mit Bohnen harmoniert er geschmacklich leider nicht so gut, aber in Form von Kümmel- oder Fencheltee gibt es ein probates Mittel. Dazu einen Teelöffel Kümmel oder Fenchel mit kochendem Wasser übergießen und 10 Minuten ziehen lassen.

Ein echtes Allheilmittel ist Bewegung an der frischen Luft. Wer es lieber exotisch mag: Kochen Sie Ihre Bohnen doch einmal mit Ingwer oder Algen.

Und falls alles nicht hilft – nehmen Sie es mit Humor wie Bäckermeister Joseph Pujol, der um 1890 als Le Pétomane im Moulin Rouge auftrat, oder sein britischer Kollege Mr. Methane, den man heute noch mit seiner Darbietung „An der blauen Donau“ bewundern kann. Beide betreiben die ausgesprochen seltene Profession des „Kunstfurzens“. Ob dabei Puffbohnen im Spiel sind, soll an der Stelle offen bleiben.

Ein Erfurter Puffbohnenfeld

Ganzheitlich betrachtet: Die Puffbohne und Eiweiß

In der chinesischen Medizin spielen Bohnen eine große Rolle. Puffbohnen sind richtige Fitmacher. Sie speichern eine große Menge Energie und bergen viele Vitamine und Mineralien. Manchmal wird ihr Eiweiß als zweitklassig angesehen, weil im Vergleich zum Ei oder Hühnerfleisch nicht alle Aminosäuren enthalten sind. In Kombination mit Getreide sind Hülsenfrüchte jedoch eine ideale Eiweißquelle. In Mittelamerika werden darum die schwarzen Bohnen mit Maistortillas gegessen. In Indien besteht das Alltagsgericht Dal aus Linsen und Reis.

Gebackene Puffbohnen-Kroketten

600 g	frische Puffbohnen
300 g	mehlig kochende Kartoffeln
2	Eigelb
2	Eiweiß
4 El	Mehl
100 g	Semmelmehl
200 g	Sonnenblumenöl
	Jodsalz, weißer Pfeffer, Muskat,
	Essenz von frischem Bohnenkraut (siehe S. 10)

Lecker und very British – Bohne & Kraut

Gut für den Geschmack und die Verdauung sind Kräuter. Bohnenkraut gehört selbstredend zur Bohne. Daneben schmecken Kümmel und mediterrane Kräuter wie Thymian, Rosmarin oder Salbei zur Puffbohne. Geheimtipp zu Erbsen: Basilikum, Petersilie, Minze, Estragon und Kresse.

Zubereitung:

Puffbohnen kurz in Wasser aufkochen, dann abgießen und mit den geschälten, in 2 cm große Würfel geschnittenen Kartoffeln in frischem Salzwasser für ca. 12 Min. weiterkochen, bis alles gar ist.

Anschließend die Puffbohnen und Kartoffelstücke sorgfältig abgießen, kurz abdämpfen lassen und durch eine Kartoffelpresse in eine Schüssel drücken. Die Masse mit 2 El Mehl, beiden Eigelb und den Gewürzen zu einem festen Teig verkneten. Auf einem mit Mehl bestäubten Brett aus dem Teig eine Rolle von 2 cm Durchmesser formen und davon etwa 5 cm dicke Stücke abschneiden. Die Walzen zuerst in Mehl, dann im leicht verquirlten Eiweiß und zuletzt in dem Semmelmehl wenden.

Danach das Öl in einer Pfanne auf 180 Grad erhitzen und die Puffbohnen-Kroketten schwimmend goldgelb ausbacken.

Die Kroketten als Beilage zu Fleisch-, Fisch-, Wild-, Geflügel- und Pilzgerichten reichen.

Serviertipp:

Putenroulade in Currysahne mit Puffbohnen-Kroketten und Mandelbrokkoli

Gärtnertipps

Der Klassenfeind der Puffbohnen ist die Schwarze Bohnen- oder Wickenblattlaus (Aphis fabae). Manchmal entdeckt man Pflanzen, die nahezu schwarz bedeckt sind – alles leise krabbelnde Läuse.

Hier Tipps dagegen:
Frischen Mist als Bodenverbesserung vermeiden. Besser wäre gut verrotteter, abgelagerter Mist, der schon länger im Boden ist.
Bei der Aussaat ausreichend Abstand halten (Läuse mögen es, von Blatt zu Blatt zu wandern), der empfohlene Abstand beträgt 40 cm von Reihe zu Reihe.
Planen Sie die Aussaat so früh wie möglich (bis in die zweite Märzwoche).
Stecken Sie Zwiebeln oder Knoblauch in Ihr Puffbohnenbeet, das mögen die Läuse nicht so gern.
Wenn die Läuse schon unterwegs sind, kneifen Sie die befallenen Spitzen aus, nachdem sich die ersten kleinen Schoten zeigen.

Puffbohnen-Strudel

300 g	fertiger Strudelteig
300 g	fertige Puffbohnen-Kroketten-Masse (siehe S. 32-33)
300 g	Puffbohnen
100 g	frischer Mangold
1 Bund	Petersilie
4	Bärlauchblätter
2	Eiweiß
2 El	Butterschmalz
	Salz, schwarzer Pfeffer,
	Essenz von frischem Bohnenkraut (siehe S. 10)

Gesunde Inhaltsstoffe

In der Puffbohne stecken viele gesunde Zutaten. Sie ist reich an Stärke, Eiweiß und Vitaminen. Die Liste beginnt beim Provitamin A, Vitamin B2, B6, C und E. Dazu kommen noch größere Mengen an Folsäure und wertvolle Mineralstoffe. Neben Kalzium, Magnesium und Kalium ist der Eisengehalt hoch. Das enthaltene Vitamin C unterstützt die Eisenaufnahme im Körper.

Zubereitung:

Ein großes, bemustertes Tuch mit Mehl bestäuben und den Strudelteig darauf so dünn wie möglich ausrollen. Danach den Teig mit bemehlten Händen vorsichtig anheben und nach außen ziehen, bis das Muster auf dem Tuch durch den Teig zu sehen ist. Die dicken Teigränder abschneiden. Den Teig mit einem feuchten Tuch abdecken und ca. 15 Min. ruhen lassen.

Inzwischen die Puffbohnenkerne ca. 10 Min. im vorgeheizten Backofen bei 150 Grad backen, bis die Haut von den Bohnenkernen platzt. Anschließend von den noch warmen Bohnen die Haut restlos entfernen. Dann aus den gehäuteten Puffbohnen, den gehackten Kräutern und Mangoldblättern sowie den Gewürzen eine Füllung herstellen. Das Eiweiß zu festem Eischnee schlagen und unter die Füllung heben.

Nach der Ruhephase den Teig mit zerlassener Butter beträufeln und die warm gestellte Puffbohnen-Kroketten-Masse zu 2/3 darauf verteilen. Danach die Füllung auftragen und den Strudel mit Hilfe des Tuches straff einrollen. Jetzt die Enden gut verschließen und den Strudel mit flüssiger Butter bestreichen.

Den Puffbohnen-Strudel bei 160 Grad im vorgeheizten Backofen für ca. 25 Min. goldbraun backen. Danach kurz abkühlen lassen. Strudel beim Anrichten in dicke Scheiben schneiden und als Beilage zu Fleisch-, Fisch-, Wild-, Geflügel- und Pilzgerichten reichen.

Serviervorschlag:
Hirschragout mit Puffbohnen-Strudel und glasierten Karotten

Musikalische Puffbohnen

Erfurter Gärtnerlied

Erfurt an dem Gerastrande
Erfurt im Thüringer Lande
Erfurt an den Steigerhöhn,
ja, in Erfurt ist es schön.

Ja, in Erfurt ist gut wohnen
da gibt´s Blumenkohl und Puffbohnen
und Gemüse ohne Zahl
in dem schönen Geratal.

Nur in Erfurt ist gut wohnen;
aber wisst ihr auch – warum?
Rings um Erfurt blüh´ n Puffbohnen;
unser Stolz und Gaudium.

Fragt in Pommern,
fragt in Schwaben,
solche Bohnen sie nicht haben.

Erfurter Gärtnerlied (1873)
von Wilhelm Schütz, Lehrer an der
Kaufmänner-Regel-Schule, Erfurt

Puffbohnen in Kräutersahne

800 g	frische Puffbohnen
100 ml	ungeschlagene Sahne
100 ml	Geflügelbrühe
60 g	Naturjoghurt
1	Eigelb
1	kleine Zwiebel
1	kleine Knoblauchzehe
1 El	Sonnenblumenöl
½ Bund	Petersilie
	Jodsalz, weißer Pfeffer,
	Essenz von frischem Bohnenkraut (siehe S. 10)

Puffbohnengeister

Die alten Pythagoreer fanden Puffbohnen nicht so nett. Sie haben den Bohnenkonsum in der Fastenzeit ganz einfach untersagt, weil in ihnen die Seelen der Verstorbenen wohnen, die den Lebenden unruhige Träume verursachen.

Zubereitung:

Die Bohnen kurz in Wasser aufkochen und gleich danach abgießen. Anschließend die klein gehackte Zwiebel und Knoblauchzehe in Sonnenblumenöl kurz farblos anschwitzen. Puffbohnen, Geflügelbrühe, Sahne und Gewürze hinzufügen und ca. 12 Min. auf kleiner Stufe einkochen lassen.

Inzwischen die Petersilie sehr fein schneiden und mit Joghurt und Eigelb verquirlen. Die Mischung in die fertig gegarten Bohnen rühren, aber nicht mehr über 70 Grad erhitzen, sonst gerinnen Joghurt und Eigelb.

Puffbohnen nachschmecken und als Beilage zu Fleisch-, Fisch-, Wild- und Geflügelgerichten servieren.

Serviervorschlag:
Lammkotelett im Kartoffelmantel auf Puffbohnen in Kräutersahne mit Grilltomate

Koch „Willi" bei der Arbeit

Namensvielfalt

Beim Gärtner und im Supermarktregal heißt die Puffbohne je nach Region auch Dicke Bohne, Buffbohne, Große Bohne, Favabohne, Faberbohne, Bucksenbohne, Alt-Weiber-Bohne, Pferde-, Acker- oder Saubohne. Lateinisch heute schlicht und weltweit einheitlich *Vicia faba*, ältere Namen sind: Faba bona, Faba faba, Faba major, Faba minor, Faba sativa, Faba vulgaris, Orobus faba, Vicia esculenta, Vicia vulgaris.

Im Laufe der Jahrhunderte hat sie sich viele verschiedene Namen zugelegt. Im Altertum wanderte sie von Asien kommend über Afrika nach Europa und wurde rasch zum Grundnahrungsmittel in Form von Brei, Brot und Kuchen. In dieser Zeit entstand vermutlich auch der Name. Allerdings lautete die Schreibweise damals Buffbohne und das findet sich noch im 17. Jahrhundert in den Gemüse-Saat Katalogen meines Ahnen Friedrich Adolph Haage.

Puffbohnen-Mus

600 g	frische Puffbohnen
300 g	mehlig kochende Kartoffeln
100 ml	Magermilch
50 g	Butterschmalz
½ Schale	frische Gartenkresse
	Jodsalz, weißer Pfeffer, Muskat,
	Essenz von frischem Bohnenkraut (siehe S. 10)

Überhaupt nichts Anrüchiges

Wer versucht, die Puffbohne in Bezug mit einem Bordell zu bringen, ist gewaltig auf dem Holzweg – und tut der Bohne nebenbei noch unrecht. Nicht, dass sie im Garten hinterm Freudenhaus nicht gedeihen würde, nur mit diesem Puff hat sie, schlicht und tugendhaft wie sie ist, nichts zu tun. Puff bedeutet lediglich, dass es sich um eine besonders große (aufgebuffte) Bohne handelt – vergleichbar mit dem Puffmais, der auch ein Vielfaches seines normalen Volumens besitzt.
Aus dem Herkunftswörterbuch: Puff bedeutet Stoß, dumpfes Geräusch, Windhauch.

Zubereitung:

Puffbohnen kurz in Wasser aufkochen, dann abgießen und mit den geschälten, in 2 cm große Würfel geschnittenen Kartoffeln in frischem Salzwasser für ca. 12 Min. weiterkochen, bis alles gar ist.

Zwischendurch die Magermilch mit dem Butterschmalz und den Gewürzen fast zum Kochen bringen.

Anschließend die Puffbohnen und Kartoffelstücke sorgfältig abgießen und mit dem Kartoffelstampfer gründlich zerkleinern.

Nun die erhitzte Milch dazugeben und mit dem Schneebesen zu einem cremigen, aber festen Mus aufschlagen. Puffbohnen-Mus in einen Spritzbeutel mit großer Sterntülle füllen und auf den Teller spritzen. Nach dem Anrichten mit frisch geschnittener Gartenkresse garnieren.

Das Mus als Beilage zu Fleisch-, Fisch-, Wild- und Geflügelgerichten servieren.

Serviervorschlag:
Gebratene Kalbsleber auf Schmorzwiebeln mit Puffbohnen-Mus und Gurken-Mais-Radieschen Salat

Gewachsen und ausgebufft

Die Puffbohne hat eine sehr lange Geschichte. Schon in der Steinzeit findet man die Vorfahren der Puffbohnen. Damals vor 8000 Jahren waren diese aber deutlich kleiner. Bei Ausgrabungen bei Nazaret wurden die ältesten Bohnen zutage befördert.

Rund um das Mittelmeer lassen sich die Bohnen 3000 Jahre später nachweisen. Von dort lassen sich die Spuren der Puffbohnen nach Norden finden. An der Nordseeküste findet die Puffbohne weite Verbreitung, weil sie als einzige Hülsenfrucht auf den salzigen Böden wachsen kann.

Beilage

Puffbohnen mit Speck

800 g	frische Puffbohnen
125 g	geräucherter Bauchspeck
1 El	Butterschmalz
½ El	Mehl
8 El	Wasser oder Gemüsebrühe
3 Zweige	Petersilie
	Jodsalz, weißer Pfeffer, Zucker,
	Essenz von frischem Bohnenkraut (siehe S. 10)

In der Not gab´s Puffbohnen

Es gab natürlich Zeiten, in denen die Puffbohnen regelrecht verpönt waren. Niemand hat sie so richtig gemocht. Meist lagen davor Kriege oder andere Notzeiten, in denen die dicken Bohnen als nahrhaftes Grundnahrungsmittel überstrapaziert wurden. Das sorgte dafür, dass Bohnen dann als „Armeleuteessen" oder zum Viehfutter degradiert wurden.

Zubereitung:

Puffbohnen kurz in Wasser aufkochen und gleich danach abgießen.

Anschließend den in Würfel geschnittenen Speck in Butterschmalz allseitig hellbraun anbraten und mit Mehl überstäuben. Die Mehlschwitze mit Wasser auffüllen und glattrühren.

Nun die Puffbohnen dazugeben und mit Jodsalz, weißem Pfeffer, Zucker und Bohnenkraut-Essenz würzen. Das Ganze ca. 12 Min. auf kleiner Stufe zu einem sämigen Ragout einreduzieren lassen.

Die Puffbohnen mit frisch gehackter Petersilie garnieren und zu Fleisch-, Fisch-, Wild- und Geflügelgerichten servieren.

Serviervorschlag:
Geschmorte Rinderbrust in Rotweinjus mit Speckpuffbohnen und violetten Kartoffeln

Puffbohnen aufheben

Es gibt gute Gründe, die Puffbohnen-Saison zu verlängern. Für kurze Etappen: Im Kühlschrank bleiben frische Puffbohnen zwei bis drei Tage fit. Tiefgefroren verlängert sich die Zeit auf bis zu drei Monate. Auf lange Zeit können getrocknete Bohnen im verschlossenen Behälter aufbewahrt werden. Kühl, trocken und dunkel aufbewahrt sind sie praktisch jahrelang haltbar.

Gärtnerweisheiten

Säst die Puffbohnen du früh aus,
dann stört sie weniger die Laus.

Willst du dicke Bohnen essen,
sollst den März du nicht vergessen.

Mehl im Lederbeutel,
soll die Bohn nicht sein.
(überreife Bohnen)

Gebratene Puffbohnen-Taler

600 g	frische Puffbohnen
300 g	kalte gekochte Kartoffeln (auch vom Vortag)
2 El	Weizengrieß
2	Eigelb
30 g	Butterschmalz
4 El	Kartoffelstärke
	Jodsalz, weißer Pfeffer, Muskat,
	Essenz von frischem Bohnenkraut (siehe S. 10)

Kleiner Snack der Erfurter für zwischendurch

Marktfrauen, Tagelöhner, Fuhrleute, Bauern auf dem Feld, Familienväter auf dem Sonntagsspaziergang, Bauarbeiter, Schornsteinfeger. Ihnen allen wird nachgesagt, sie hätten in der Rocktasche immer eine Handvoll gekochter Puffbohnen gehabt, falls der kleine Hunger kommt. Eine der dicken weichen Bohnen genüsslich gekaut – und schon war das Grummeln im Bauch verschwunden.

Zubereitung:

Puffbohnen kurz in Wasser aufkochen, dann abgießen und anschließend mit frischem Salzwasser ca. 15 Min. die Bohnenkerne weichkochen.

Die heißen Puffbohnen aus dem Wasser nehmen und abtropfen lassen. Diese zusammen mit den kalten, gekochten Kartoffeln durch eine Kartoffelpresse in eine Schüssel drücken. Nun die handwarme Masse mit Weizengrieß, 2 Eigelb, 2 El Kartoffelstärke und den Gewürzen zu einem festen Teig verkneten.

Auf einem mit Kartoffelstärke bestäubten Brett aus dem Teig eine Rolle von 4 cm Durchmesser formen und davon etwa 1 cm dicke Scheiben schneiden.

Die so vorbereiteten Stücke in Butterschmalz beidseitig hellbraun anbraten und als Beilage zu Fleisch-, Fisch-, Wild-, Geflügel- und Pilzgerichten servieren.

Serviervorschlag:
Hausgebeizter Lachs auf wildem Rucola-Salat mit einer Honig-Senf-Soße und gebratenen Puffbohnen-Talern

Die beteiligten Puffbohnen an diesem Buch: Ulrich Haage, Denise Marcello, Bernd Jakobi, Helmfried Wilhelm, Pierre Kamin und René Burkhardt.

Puffbohnen-Hackfleisch-Auflauf

1 kg	frische Puffbohnen
400 g	Hackfleisch vom Schwein
3	große Fleischtomaten
1	große Zwiebel
1	Knoblauchzehe
3 El	Tomatenmark
8 El	Wasser oder Gemüsebrühe
200 g	Schafskäse
3 El	Olivenöl
	Jodsalz, schwarzer Pfeffer,
	Essenz von frischem Bohnenkraut (siehe S. 10)

Kochtipp

Bohnenkerne so jung und frisch wie möglich verwenden. Mit fortgeschrittenem Reifegrad und Lagerungsdauer wird die Haut um die Samen (Bohnenkerne) zäher. Deshalb wird empfohlen, je nach Verwendungszweck die Bohnen zu enthäuten. Dafür die Haut durch kurzes, intensives Erhitzen entfernen.

Zubereitung:

Puffbohnen kurz in Wasser aufkochen, abgießen und in einem Sieb abtropfen lassen. Inzwischen Tomaten entkernen und in fingergroße Würfel schneiden. Nun die Zwiebel und den Knoblauch fein würfeln und zusammen mit dem Hackfleisch in Olivenöl krümelig anbraten.

Anschließend mit Tomatenmark ablöschen und Wasser auffüllen. Jetzt die Bohnenkerne, Tomatenwürfel und Gewürze hinzufügen und alles miteinander vermischen. Kurz aufkochen lassen.

Danach den vorbereiteten Auflauf in eine mit Olivenöl eingefettete Form geben und mit klein geschnittenem Schafskäse bestreuen. Den Puffbohnen-Hackfleisch-Auflauf im vorgeheizten Ofen bei 200 Grad ca. 15 Min. überbacken.

Gesund, macht schnell satt und sorgt für ein langes Leben

„Nahrhaft, sättigend und gut für Rekonvaleszente“, diesen Vermerk findet man in alten Kochbüchern – und neuen Studien. Schnell sättigend – das setzt dem zunehmenden Übergewicht unserer Gesellschaft etwas entgegen.

Wer regelmäßig Puffbohnen isst, sorgt damit für einen gesunden Cholesterinspiegel. Die Ballaststoffe in der Bohne können gewissermaßen Cholesterin und Vorläufersubstanzen aus dem Körper „spülen“. Gleichzeitig beugen sie Verstopfung und Herzverfettung vor und leisten einen Beitrag gegen Diabetes mellitus, der Zuckerkrankheit.

Als besonders intensiv gilt die Wirkung des sogenannten Diabetiker-Tees. Dazu werden die Bohnenschoten in frischem Wasser gekocht und zwei- bis dreimal täglich getrunken. Das senkt den Blutzuckerwert (für Diabetes-Patienten nur in Absprache mit dem Therapeuten).

Bohnen enthalten einen großen Anteil an Pantothensäure und Niacin, das schützt die Haut und alle Schleimhäute. Wenig drin ist dagegen Natrium, dafür aber viel Kalium. Diese Mischung sorgt für einen gesunden, niedrigen Blutdruck und man sagt, dies ist die Grundlage für ein langes Leben.

Spaghetti mit Puffbohnen

500 g	Spaghetti
250 g	frische Puffbohnen
100 g	Lauchzwiebeln
150 g	gekochter Schinken
100 g	geriebener Parmesan
300 ml	frische Sahne
1 El	Mehl
2 El	Olivenöl
1	kleine Knoblauchzehe
3 Zweige	Basilikum
	Jodsalz, weißer Pfeffer,
	Essenz von frischem Bohnenkraut (siehe S. 10)

Gegrüßet seist du, Bohne!

Der höfliche Erfurter lüpfte in früheren Zeiten grüßend seinen Hut, wenn er an einem Puffbohnenfeld vorüberging. Das war durchaus ernst gemeint, denn die Bohnen galten seit dem Mittelalter als Grundnahrungsmittel. Der Erfurter bezeugte seinen Respekt vor dem, was ihn und seine Familie ernährte.

Zubereitung:

Die Puffbohnenkerne ca. 10 Min. im vorgeheizten Backofen bei 150 Grad backen, bis die Haut von den Bohnenkernen platzt. Anschließend die Haut von den noch warmen Bohnen restlos entfernen.

Kochschinkenwürfel, in Ringe geschnittene Lauchzwiebeln und gehackten Knoblauch gleichzeitig in Olivenöl farblos anbraten. Danach mit Mehl überstäuben und Sahne auffüllen. Die so entstandene weiße Soße glattrühren und mit den Gewürzen und einem Teil fein gehackten Basilikums abschmecken.

Nun die *al dente* gekochten Spaghetti und enthäuteten Puffbohnen unter die cremige Soße mengen und unter häufigem Schwenken alles zusammen kurz aufkochen.

Spaghetti mit Puffbohnen auf einem Teller anrichten und mit geschnittenem Basilikum garnieren. Frisch geriebenen Parmesan dazu reichen.

Erfurter Puffbohnensalat

500 g	Puffbohnen
200 g	Zwiebeln
	Öl
	Essig
	Zucker
	Salz, Pfeffer
1 Bund	Petersilie
1	Ei, hartgekocht

Zubereitung:

Puffbohnen in Salzwasser aufkochen. Nach dem ersten Aufwallen das Wasser abgießen, mit frischem Wasser fertig kochen, bis die Bohnen weich sind. In kaltem Wasser abschrecken und abtropfen lassen.

Nun eine würzige Marinade aus Zwiebelwürfeln, Salz, Essig, Zucker, Öl und Pfeffer zubereiten und über die gekochten Puffbohnen geben. Danach sollte der Salat 1 bis 2 Stunden zum Durchziehen kühl stehen.

Vor dem Servieren mit fein gehackter Petersilie und Ei garnieren. Mit Streifen von Sülzfleischwurst schmeckt der Salat besonders lecker.

Puffbohnen mit Linsen und Johannisbeeren

400 g	Puffbohnen (oder 200 g Buschbohnen und 200 g Puffbohnen)
125 g	Linsen
1/2 Bund	Schnittlauch
1 Bund	Petersilie
1 Bund	Basilikum
1	Knoblauchzehe
3 EL	Olivenöl
1 EL	Rotweinessig
1 TL	Dijon-Senf
250 g	rote Johannisbeeren
	Salz, Pfeffer

Zubereitung:

Die frischen Bohnen mindestens 12 Minuten in Salzwasser kochen (Buschbohnen kochen und klein schneiden). Anschließend Wasser abgießen und die Linsen zubereiten, 10 Minuten kochen und abgießen. In einer Schüssel die warmen Hülsenfrüchte mit fein geschnittenem Schnittlauch und Basilikum mischen.

Aus dem gedrückten Knoblauch, Öl, Essig, Senf, Salz und Pfeffer eine Vinaigrette bereiten und zusammen mit den Johannisbeeren über den Salat geben.

Puffbohnen mit Speck und Buttersoße

500 g	Puffbohnen
125 g	gewürfelter Speck
50 g	Butter
2 EL	Semmelmehl
1	Kräuterstrauß (Petersilie, Kerbel, Schnittlauch, Bohnenkraut, Majoran etc.)
	Salz, Pfeffer

Zubereitung:

Die Bohnen in wenig Wasser weichkochen. In einer Pfanne Butter und Speck zerlassen und die Bohnen anschwenken. Kräftig würzen und die geschnittenen Kräuter zugeben.

Das Semmelmehl kurz anrösten und unterheben, noch einmal kurz dünsten und zum Schluss die Petersilie darüberstreuen.

Graupen und Bohnen

400 g	Puffbohnen
500 g	geräuchertes Schweinefleisch
1	Stängel Bohnenkraut
250 g	Kartoffeln
200 g	dicke Graupen
	Salz, Pfeffer
	Maggiwürze

Zubereitung:

Bohnen über Nacht einweichen. Fleisch wie üblich vorbereiten, mit 1 Liter Wasser zum Kochen bringen. Salz, Bohnenkraut und Bohnen dazugeben. Aufkochen. Kartoffeln schälen, in Würfel schneiden und ebenfalls unterheben. Auf mittlerer Flamme garen lassen. Graupen zweimal aufwällen, dann in Salzwasser ausquellen lassen. Abgießen und zum Bohnentopf dazugeben. Mit Salz, Pfeffer und Maggi sehr herzhaft abschmecken.

Andrea Hartmann, Frankfurt a. M.

Dank an:
Hans-Friedrich Haage, Prof. Dr. Eberhard Czekalla, Michael Koch (AMI Bonn), Jochen Winkhoff (ZVG), Dr. Ilsabe Schalldach, Ingeborg Kitzig, Lars Fischer, Kai-Uwe Schellenberg, Dr. Wolf-Dieter Blüthner